Jens Diefenbacher

Auf dem Weg in ein besseres Leben!?

Die Geschichte eines jungen afrikanischen Flüchtigen – mit dessen Bildern illustriert

WIDMUNG

Dieses Buch widme ich allen **flüchtigen Menschen**, die sich in ihrem jetzigen Umfeld nicht verstanden fühlen und nicht verstanden wissen. All jenen, die ihre alte Heimat verloren und ihre neue noch nicht gefunden haben. Und diesen, die sich integrieren wollen, stattdessen aber segregiert werden.

Stellvertretend für all diese widme ich es dem jungen Mann, der die in diesem Buch abgedruckten Bilder gemalt und ihnen mit seinen Gefühlen Ausdruck verliehen hat: **Berry**.

Mein Dank gilt meiner über alles geliebten Frau **Ivonne**, die mich in diesem Vorhaben sehr ermutigte und unterstützte. Sie hakte immer wieder dann nach, wenn dieses Projekt einzuschlummern drohte.

Weiter meiner Cousine **Melanie**, die hier in einer für sie zeitlich herausfordernden Zeit als Lektorin fungierte.

Jens Diefenbacher

Auf dem Weg zu einem besseren Leben!?

Die Geschichte eines jungen afrikanischen Flüchtigen –

mit dessen Bildern illustriert

Bibliographische Information der Deutschen Nationalbibliothek:
Die Deutsche Nationalbibliothek verzeichnet diese Publikation in der
Deutschen Nationalbibliografie; detaillierte bibliographische Daten sind
im Internet über http://dnb.dnb.de abrufbar

© 2017 Jens Diefenbacher
Lektorat: Melanie Schmidt
Bilder: Jens Arbogast
Herstellung und Verlag:
BoD – Books of Demand, Norderstedt
ISBN: 9783746027692

VORBEMERKUNG

Der Motor für dieses Buch ist meine Leidenschaft, junge Menschen verstehen und diesen helfen zu wollen, ihren Platz in der Gesellschaft zu finden. In meiner nun fast 25-jährigen Tätigkeit im ehren- und hauptamtlichen Bereich der Diakonie, Kirche und Politik sind mir schon so manche begegnet, die ihn noch nicht gefunden haben :-).

In Anbetracht der Flüchtlingswelle der letzten Jahre nahm dies auch Einzug und Einfluss in das pädagogische Arbeitsfeld. So ereilte mich eines Tages die Anfrage, einen jungen minderjährigen Ausländer zu begleiten. Diese für mich neue Herausforderung nahm ich damals gerne, aber auch sehr angespannt und gespannt an.

Dieses Buch soll einen kleinen Beitrag dazu leisten, einen Flüchtigen besser verstehen zu können.
Nichts liegt näher, als dass dies mit dem eigenen Leben eines Betroffenen umschrieben ist.

Der junge flüchtige Berry hat das Talent, sein Leben in Bildern auszudrücken und anhand dieser über sein bisheriges Leben zu sprechen. Ihn direkt mit seiner Vergangenheit zu konfrontieren, machte für mich nach den ersten Kontakten keinen Sinn.

Er, wie auch noch so viele andere Flüchtlinge, haben eine posttraumatische Störung: Ein oder mehrere schlimme Erlebnisse brannten sich so fest, dass dies bis heute massive Auswirkungen auf das Leben hat und wohl auch immer haben wird. Viele versuchen, all diese Geschehnisse zu verdrängen oder auszublenden, und können erst nach Jahren über diese reden.

Vielleicht hilft Ihnen das nun Folgende, sich ein wenig in deren Lage hineinversetzen zu können?
Die Erzählungen unterliegen Berrys Sichtweise und meiner subjektiven Aufnahme von alledem, gepaart mit diversen Erlebnissen, die ich selbst auf Reisen in Afrika sammeln konnte.

VORWORT

Jens kenne ich von einer gemeinsamen kommunal-politischen Wählervereinigung in Karlsruhe.

Zwei Dinge gefallen mir an ihm und sind auffällig:

Er bleibt nicht am Oberflächlichen hängen und schürft tiefer. Dabei kann ich ihm eine gewisse Hartnäckigkeit attestieren und er findet erst Ruhe, wenn er die Dinge von innen her schauen kann und sie ein Bild ergeben und zusammenpassen. Dieser dahinter schauende Blick kommt in diesem Buch auch sehr schön zum Ausdruck, indem er die Geschichte des jungen Mannes zu verstehen sucht. Nur nicht in dem ersten Urteil hängen bleiben, sondern Verstehen wollen ist sein Anspruch. So merkt man bei dem Autor, dass er auf der Suche nach dem Verstehen wollen auch selber verändert wird. Hier wird die oft geforderte professionelle Distanz eines Sozialpädagogen notwendigerweise aufgehoben.

Ein Mensch begegnet einem Menschen.

Die zweite Ebene von Jens: Er ist leidenschaftlich für Menschen. Beruflich bekommt er es immer wieder mit jungen Menschen mit schwieriger Biographie zu tun. Das erfordert von ihm auf der einen Seite ein sehr konsequentes Grenzen setzen und auf der anderen Seite eine Bejahung. Leidenschaftlich sein, barmherzig sein und trotzdem auch harte Entscheidungen treffen, die den jungen Leuten oft gar nicht behagen und doch notwendig sind. Im Buch kann man genau diese beiden Seiten von ihm erkennen. „Werde ich ausgenutzt, ist das ein Wirtschaftsflüchtling?", fragt sich Jens. Auf der anderen Seite kommen seine Leidenschaft und sein Herz durch, indem er den seinen anvertrauten unbegleiteten minderjährigen Ausländer (umA) mit seinen Menschen liebenden Augen betrachtet. Großartig ist, dass diese beiden Betrachtungsweisen am Ende zusammenfließen und die Ausgangsfrage gar keine Rolle mehr spielt.

Ein schönes und berührendes Buch. Für Kopf und Herz. Ich wünsche dem Buch einen guten Erfolg und dem Leser neue Blickweisen auf Menschen, die zu uns in eine für sie fremde Kultur kommen.

Friedemann Kalmbach, Karlsruhe, Stadtrat und Leiter der Nehemia-Initiative

EINLEITUNG

Mit der Zerrissenheit im Blick auf und im Umgang mit Flüchtlingen bin ich in meinem unmittelbaren Umfeld des Öfteren konfrontiert:

Mein Heimatdorf war in hellem Aufruhr, als es vonnöten schien, junge Männer in die Dorfgemeinschaft aufzunehmen. Was wollen diese hier in dem nicht gut verkehrsangebundenen Mühlbach? Wer kann sich ausdenken, diese am örtlich beliebten Badesee unterbringen zu wollen? Wie können wir unsere Töchter, unser Hab und Gut, vor jenen in Sicherheit bringen?

In meinem jetzigen Wohnort Karlsruhe herrscht großes Unbehagen mit Blick auf die Landesaufnahmestelle (LEA). Menschen werden auf den Straßen von „scheinbaren" Flüchtlingen angegriffen und beraubt; die einzelnen großen Unterkünfte sorgen für Unmut in der Nachbarschaft.

Leute sind voller Angst, wenn sie farbig oder arabisch Aussehenden begegnen.

Weiter beeinflusst und beschäftigt der Zustrom von neuen Heimatsuchenden derzeit unsere Politik massiv, ich würde behaupten, wie kaum ein anderes Thema derzeit. Rechtsorientierte Parteien finden großen Zulauf, es formieren sich immer mehr Gruppierungen auf der linken Seite. Es scheint gar, als ob es in dieser Frage nur noch diese zwei Lager gäbe.

Bei einer Demonstration in Karlsruhe werde ich Zeuge, wie eine kleine 20-köpfige rechtsradikale Gruppe wie durch die Gassen getrieben und eklatant beleidigt wird. Der damalige Kopf der rechtsorientierten Gruppe ist seelisch am Ende und wünscht sich Zuspruch aus den Reihen unserer Wählervereinigung, welchen wir nur bedingt leisten können.

Es scheint, als gäbe es eben nur diese beiden Seiten. Körperliche und verbale Gewalt ist an der Tagesordnung, dumpfe Parolen werden in den Horizont geschrien und verhallen.

Entweder scheint man für eine grenzenlose Aufnahme von Flüchtlingen mit stetig offenen Armen für diese zu sein oder man gilt als ausländerfeindlich verschrien;

oder man nimmt die Haltung ein, dass unser Deutschland ausgemergelt in den Ruin getrieben wird und an den Grenzen patrolliert werden muss, sonst ist man einer der linken Antifaschisten.

Aber anstatt miteinander sinnvoll und konstruktiv ins Gespräch zu kommen, bewirft man sich im wahrsten Sinne des Wortes nur mit Steinen. Doch dies kann und wird nicht der Ansatz sein, wie wir in der Frage der Flüchtigen weiterkommen werden.

Auch meine Haltung war vor Beginn der Arbeit mit Berry ein wenig gefärbt. So unterschied ich in meinem Denken zwischen dem daseinsberechtigten Kriegs- und dem fragwürdig geduldeten Wirtschaftsflüchtling, wohlwissend, dass der junge äthiopische Mann der letztgenannten Kategorie zuzuordnen sei.

Doch wollte ich auch meiner persönlichen Haltung gegenüber jeglichem Menschen treu bleiben:

"Eine Schublade aufzumachen ist in Ordnung, aber diese zu verschließen nicht." Kurzum, ich hatte meine Kategorie Wirtschaftsflüchtling aufgetan.

Aber ich wollte und sollte sehen, was in der Schublade auf mich wartet, ohne diese gleich wieder zuzumachen; wenngleich auch nur schwerlich.

Von meiner kirchlichen Arbeit weiß ich nur zu gut, dass sich das Thema "Flüchtling" wie ein roter Faden durch die Bibel zieht. Es gibt vielerlei Parallelen zwischen der damaligen und der heutigen Zeit. Auswanderung und Flucht waren an der Tagesordnung: Abraham ist aus wirtschaftlichen Gründen ausgewandert; Jakob floh vor seinem eigenen Bruder; Mose war ein politischer Flüchtling.

Selbst JESUS war aus Sicht der damals Herrschenden ein Korrupter und wurde politisch verfolgt. Auch vielleicht gerade wegen der Geschichten unserer Vorfahren, die Flüchtige waren und Zuflucht fanden, wird von Christen erwartet, gegenüber Fremden offen zu sein und die Nächstenliebe an diesen zu praktizieren. Punkt! Die Frage ist, wo und wie dies seinen Niederschlag finden kann.

Es mag sein, dass manch Flüchtiger aus rein wirtschaftlichen Motiven hierher kommen mag und nur darauf bedacht ist, den Staat „auszubeuten". Doch können wir dieses Vorhaben nicht allen Flüchtlingen überstülpen, ich behaupte gar, den wenigsten. Und wenn, so gilt es, sich auch an die eigene Nase zu packen:

Wie viele deutsche Staatsbürger leben ebenso auf Kosten der Anderen und führen ein sogenanntes „Sozialschmarotzer-Dasein"?

Hier hilft scheinbar nur eine Sache: Es gilt, jede Person als Individuum zu betrachten und zu verstehen, welche Geschichte sich dahinter verbirgt!

Und eben nicht vorschnell zu urteilen und über einen Kamm zu scheren.

HAUPTTEIL

Beginnen wir unsere Reise durch Berrys Leben etwa 5.500 km Luftlinie von hier entfernt in Äthiopien. Hawassa liegt im Süden des Landes und hat, ähnlich wie etwa Karlsruhe, ca. 300.000 Einwohner. Wenngleich die Wasserqualität durch mangelnde Abfallentsorgung und Abwasserreinigung sehr darunter leidet, bildet die Fischerei den größten Gewerbezweig.

So liegt es auf der Hand, dass auch Berrys Vater in dieser Branche tätig ist. Als Erstgeborener wird Berry schnell in diese Arbeit mit eingebunden. Seine Mutter hat mit der Versorgung der anderen Nachkömmlinge alle Hände voll zu tun und kann ihren Mann hierbei nicht weiter unterstützen. Wie oft üblich, lebt die siebenköpfige Familie in einer sehr dürftigen Behausung auf engstem Raum. Es ist an der Tagesordnung, jede Stunde seines Lebens mit dem Gedanken zu verbringen, ob all das Erwirtschaftete für die Familie genügen kann. Oft hungert die Familie von Tag zu Tag. Sie ist auf einen ergiebigen Fischfang angewiesen und der Laune der Natur ausgesetzt.

Meist erhält der Vater nur einen geringen Ertrag aus dem Verkauf der Fische. Die Annahme, dass nun dieses Geld ausschließlich der Familie zukommt, ist oft nicht zutreffend. Der Mann im Hause, als Oberhaupt der Familie, bestimmt meist willkürlich über die Verwendung der Moneten. Ob ein teures Elektronikgerät als Statussymbol nach außen angeschafft wird oder in abhängig machende Stoffe investiert wird, bleibt seine Sache.

So findet dies auch bei Berrys Familie Niederschlag, der Vater konsumiert Massen von Alkohol. Durch die Suchtproblematik des Vaters ist die Familie in eine noch prekärere Lage gelangt.

Zudem ist es nicht selten, dass eines der Kinder so krank ist, dass man um dessen Überleben bangen muss. Neben der Fürsorge für die Familie ist die Mutter genötigt, selbst einer Arbeit nachzugehen, bei der man sich nebenher, zumindest spärlich, um den Nachwuchs kümmern kann. Die Kinder werden oft mit auf die Arbeit genommen, Berry hat dies selbst schon in seinen jungen Jahren erlebt.

So treffen sich viele der Mütter, im Schlepptau die kleinen Kinder, um gemeinsam Korn und Kaffee mühevoll zu verarbeiten und einen kleinen Beitrag für die Familie zu erwirtschaften.

Berry ist Teil eines typischen Bildes: Er begleitet einen seiner Elternteile mit auf die Arbeit.

Zunächst erscheint dieses Bild als ein alltägliches in Afrika. Zwei Erwachsene sind bei ihrer Arbeit zu beobachten, der Nachwuchs ist mit von der Partie.

Irritierend mögen zu Beginn die kräftig leuchtenden und hervorstechenden Blumen und das satte Grün der Pflanzen im Vordergrund sein. Der hintere Bereich des Bildes wirkt auf mich finster, die Erwachsenen schauen seltsam drein. Das Haus ist in gedeckten, blassen und tristen Farben gemalt.

Die Versorger scheinen ihre Rolle ernst zu nehmen und sind auf ihre Arbeit fokussiert. Starr blicken sie auf ihr Behältnis und bearbeiten mit ihren Stampfern das zu mahlende Produkt. Einige Erträge sind bereits auf dem Boden neben dem Wasserkrug abgelegt.

Im Hintergrund befindet sich ein solides Haus, wenngleich das Dach schon so manche Flicken aufweist. Die grünen und braunen Elemente mögen einem zunächst als Bewachsung erscheinen.

Das Kind im Vordergrund fällt durch fröhliches Spielen auf, es vermag die Situation zu genießen. Das zweite

Kind, auf dem Rücken der rechten Person, ist damit beschäftigt, sich fest an den Erwachsenen zu klammern.

Bei genauem Betrachten entdeckt man ein weiteres Kind, das hinter dem Behältnis hervor linst. Es schaut ängstlich und zurückhaltend drein.

Weiter fällt auf, dass die Farbe des Gesichts verblasst ist und die Augen trübe erscheinen. Das Kind wirkt als ein Teil der Gruppe und irgendwie doch nicht. Es starrt ins Leere, voller Furcht. Ein wenig Neugier könnte hier aber auch durchblitzen.

In diesem jungen Wesen findet sich der Maler wieder: Er, der älteste Spross der Familie, kann sich in seiner Rolle nicht so sehen. Er, der eigentlich im Vordergrund stehen müsste oder helfend den Erwachsenen zur Hand gehen sollte, entzieht sich diesen.

Das Bild muss in zwei Teilen betrachtet werden. Zum einen die tatsächliche Situation, der hintere Bereich, in der sich die Personen bei dieser Ablichtung befinden: Tag für Tag hart arbeitend, in einer dürftigen Behausung lebend, mit der mühevollen Versorgung der Großfamilie ringend.

Zum anderen der vom Maler erwünschten Situation, der vordere Bereich, in welche er sich hinein flüchten möchte: Das starke braune Gerüst der Pflanzen, der grünende hoffnungsvolle Blattwuchs und die daraus wachsende Frucht, die satten gelben Blüten.

Berry hält Ausschau nach jemandem oder etwas, das ihm neue Hoffnung verleiht, ihn aus diesem tristen und mühevollen Alltag herausholt und ihn aus dieser schier ausweglosen Situation befreit. Er möchte diesen Umständen entfliehen.

Dieses Bild umschreibt die Kindheit von Berry, wie er sie in Erinnerung hat und mir immer wieder in unseren Treffen beschreibt.

Leider bleibt die Sehnsucht nach Befreiung aus dem nur schwer zu ertragenden Lebensabschnitt unerfüllt.

Niemand und nichts beschert ihm eine Möglichkeit, sich aus diesen Umständen herauslösen zu können.

So fasst er eines Tages einen folgeschweren Entschluss: Er verlässt seine Familie, um sie zu unterstützen.

Zunächst mag dies wie ein Widerspruch klingen, aber ein

durchaus nachvollziehbarer, wenn man das mühevolle Leben betrachtet: Den Eltern entgleitet immer mehr die Versorgung der Kinder.

Berry sieht sich in der Verantwortung zu gehen, so dass eine Person weniger zu ernähren ist - ohne jede Aussicht auf Besserung seiner Umstände, aber dafür der seiner Angehörigen. Mit 12 Jahren macht er sich auf den Weg, sein Leben selbst in die Hand zu nehmen, voller Angst und Sorge um seine Familie und sich, aber mit einer kleinen Hoffnung, dass alles besser wird.

Er begibt sich, mit einigen wenigen Lebensmitteln und Kleidern bespickt, in ein schier aussichtsloses Leben auf der Straße. An seinem ersten Tag durchstreift Berry die zumeist einsamen und tristen Straßen am Rande seiner Heimatstadt Hawassa. Er versucht sich stets in der Nähe des Flusses aufzuhalten, um sich gegebenenfalls mit einem schier nicht genießbaren Schluck Wasser zu versorgen. Nach einigen Stunden Fußmarsch und schmerzenden Beinen trifft er auf eine Gruppe Jugendlicher. Freude übermannt ihn, denn diese könnten aller Voraussicht nach sein Schicksal mit ihm teilen. Schnell ist er ein Teil der Gruppe, die Jungs verstehen sich. Sie baden und reinigen sich im dunkelbraunen Fluss und fangen halblebendige Fische. Ein kümmerliches Feuer soll als Grillstelle dienen und Wärme für die Nacht abgeben. Müde und erschöpft sinkt Berry in den Schlaf, auch die anderen jungen Männer scheinen ihm dies gleichzutun. Am nächsten Morgen wacht er auf – halb erfroren, einsam und alleine. Das Feuer erloschen, die Jungen über alle Berge. Er blickt sich eine Weile um und entdeckt dann rasch, dass ihm das wenige

Hab und Gut entrissen worden ist. Der kleinen Hoffnung und Freude über Gleichgesinnte folgt schnelle Ernüchterung. Solche und ähnliche Situationen begegnen ihm in seinen jungen Jahren immer wieder:

All die Nächte durchzustehen, auf scheinbar neue Freunde zu treffen und dann schamlos ausgenutzt zu werden. Nicht zu wissen, was der neue Tag bringen wird, ob er sich durch Hilfsdienste wie beispielsweise Koffertragen und Lebensmittel transportieren ein wenig Geld verdienen kann oder erbetteln muss. Nicht zu wissen, ob er von wilden Hunden oder anderen auf der Straße Lebenden überfallen, schwer verletzt oder ausgeraubt wird.

Nicht zu wissen, wo er unter all diesen Umständen noch Hoffnung und neuen Mut schöpfen kann.

Mehrmals kommt es zu lebensbedrohlichen Situationen: Ein älterer Jugendlicher verletzt ihn schwer mit einem Messer an der Brust, den Krankenhausaufenthalt überlebt er zur Verwunderung der Ärzte. Eine Blutvergiftung bereitet ihm monatelang viel Sorge und Mühe.

Täglich versuchen die größeren Halbstarken, die Jüngeren

zu prostituieren. Sexuelle Vergewaltigungen oder Verkauf sexueller Dienste an Touristen sind an der Tagesordnung, doch Berry kann sich diesen immer wieder entziehen. Er wechselt mehrmals die Stadtteile, manchmal lebt er sogar für eine Weile in anderen Städten im Umland.

Aufgrund seiner ethnischen Zugehörigkeit zu den „Walaytas" wird er oft bedroht, manchmal gar ohne erkennbare Gründe ins Gefängnis geworfen. Die Polizisten vor Ort wollen die Plätze „reinigen", da dort nur andere ethnische Gruppen anerkannt und gerne gesehen sind.

Es ist nicht verwunderlich, dass ihn oft Alpträume überkommen, Lebensängste an der Tagesordnung sind und ihn Selbstmordgedanken übermannen.

Diese wenigen Ausführungen beschreiben Berrys Phase und Alltag als junger Teenager. Eine nicht gerade rosige Zukunft, in die er zu dieser Zeit blickt.

Kein Wunder, dass das folgende Bild ein Selbstportrait von der Phase zwischen 12 und 17 Jahren darstellt.

Ein junger Mann, der vom Leben gezeichnet zu sein scheint, schaut den Betrachter an. Trist, in einem fast steril wirkenden Zimmer sitzt er splitterfasernackt. Vor ihm eine grün gestrichene Wand, ein Spiegel ist befestigt. In diesem ist ein kleines Licht zu erblicken, das sich in einige Wolken einreiht. Wiederum ein grün gezeichneter Pfeil zeigt auf die zu interpretierende Sonne.

Bei näherem Fragen erfahre ich, dass Berry nicht in der Lage ist, sein beschämendes Ich anzuschauen, welches ihn darstellt. Zu sehr schmerzt ihn die Konfrontation mit dieser Zeit. Es ist ein Teil seines Lebens, aber einen tieferen Blick will er nicht wagen. Das Nacktsein spiegelt seinen Gefühlszustand gut wieder:

alleingelassen, ohne Hab und Gut, ohne jegliche berufliche Aussicht mangels ausreichender Schulbildung, geschweige denn eines Abschlusses. Was zunächst als Rückgrat erscheint, weist auf seine Verletzungen hin - die innerlich verborgenen, aber auch all die äußerlich sichtbaren, die aus Überfällen etc. resultieren.

Das Unvermögen, sich selbst betrachten zu können, rührt

von der schieren Hoffnungslosigkeit.

Doch aber scheint es einen Lichtblick zu geben, die kleine leuchtende Sonne, welche durch einen Hoffnungspfeil markiert ist. Berry berichtet aufgeregt von einem deutschen Mann, den er zufällig auf der Straße getroffen hat. Berry sprach ihn wegen Almosen an, der Mann wiederum fragte ihn, warum er verweint ausschaue. Der älter wirkende Herr findet Berry nach einem kurzen, auf stümperhaftem Englisch geführten, Dialog sympathisch und hat Mitleid mit ihm. Er ist geschäftlich in Hawassa und hat sich noch ein paar Tage Urlaub gegönnt, daher schlendert er durch die Straßen. Der Fremde berichtet, er möchte Äthiopien gerne noch ein wenig kennenlernen. Berry bietet geistesgegenwärtig an, ihm das Land näher zu bringen. Zu seiner Überraschung lässt sich der Deutsche auf dieses Abenteuer, mit einem auf der Straße Lebenden das Land zu bereisen, ein. So verbringt er mit ihm einige Tage in seinem Heimatland. Der ältere Herr verspricht ihm bei seinem Abschied, dass er sich eines Tages wieder melden würde. Als Zeichen seiner Dankbarkeit wolle er Berry sein

Heimatland Deutschland zeigen. Das ist die Hoffnung, die am Horizont aufzuleuchten scheint. Diese, welche er kaum anzuschauen wagt, denn was wäre das für eine Chance, in ein fernes Land zu reisen? Welche neuen Wege würden sich hiermit auftun?

Ein schier unmögliches Bangen und Hoffen, von Tag zu Tag, von Monat zu Monat, von Jahr zu Jahr, hält Berry am Leben. Vielerlei auftretende Hindernisse lassen dieses kleine hoffnungsvolle Licht am Horizont nicht untergehen. Einige Jahre sind seither ins Land gezogen, Berry ist 17 Jahre alt. Noch immer ist er damit beschäftigt, irgendwie zu überleben, sich durchzuschlagen und sich nicht unterkriegen zu lassen. Wenngleich dieser Hoffnungsschimmer in weite Ferne gerückt ist. Es grenze doch an ein Wunder, wenn dieser Mann wiederkomme. Es wäre doch der pure Zufall, wenn er ihn dann auffinden würde. All dies gleiche dem Wirken eines existierenden Wesens irgendwo da oben im Himmel. Diese und ähnliche Gedanken treiben Berry immer wieder umher - in seinem tristen Alltag, in seinen kühnsten Träumen.

Doch eines Tages holt ihn diese Vorstellung ein:

Der deutsche ältere Herr meldet sich nach 3 Jahren bei ihm. Berry erhält Post über eine Kirche, zu der er immer wieder Kontakt hat. Er kann sein Glück kaum fassen.

Der rüstige Mann schreibt in seinem Brief:

„Ich habe es Dir damals versprochen, dass ich wiederkehren und Dich holen werde. Leider lässt es mein Gesundheitszustand nicht zu, selbst zu Dir zu kommen. Aber ich habe Dir anbei Geld und eine Erklärung, so dass Du nach Deutschland zu mir reisen kannst."

Dieser Tag ist der schönste Tag in Berrys Leben. So ist er die kommenden Tage vollends damit beschäftigt, sämtliche Papiere aufzutreiben, die diese Reise ermöglichen. Um schnell an einen Pass zu gelangen, muss er Schmiergeld bezahlen. Weiteres hat der ältere Mann geklärt. Und dann kann Berry zum ersten Mal die Flugzeuge nicht nur von weitem betrachten, sondern in ein solches steigen und sich auf den Weg in ein fernes Land machen.

Er ist sprachlos, wie luxuriös ein Flugzeug im Inneren ausgestattet ist. Er kann nun seine Stadt, sein Land von oben sehen und zugleich hinter sich lassen.

In Deutschland angekommen, unterschreibt der ältere
Herr eine Verpflichtungserklärung für ihn. So sichert sich
der deutsche Staat ab, dass jemand für die einreisende
Person in jeglicher Form bürgt: Für alle Kosten, die
entstehen können, muss der Bürge gerade stehen.

Zunächst stellt die Ankunft eine maßlose Überforderung
für Berry dar. All das Fremde, all das Schöne, all das Gute,
was dieses Land zu bieten scheint:

Ein Dach über dem Kopf, Essen im Überfluss, die
Grundbedürfnisse eines Jeden scheinen hier gestillt zu sein.
Es sind ein paar wunderbare Tage, die er hier verbringt.
Und dann? Der ältere Herr hat eine kleine Rundreise
versprochen, doch wohin dann? Es steht außer Frage, er ist
hier, um ein wenig Urlaub zu machen, aber seine Heimat
ist in Äthiopien. Wieder zurück zum alten, hoffnungslosen
Straßenleben, voller Ängste und Sorgen vor dem
kommenden Morgen? So sehr es Berry hier genießen kann,
so sehr lassen ihn die nahen Zukunftsängste nicht los.
Verwunderlich?

Er sieht in dieser prekären Lage nur eine Möglichkeit:

Wie auch immer, hier in Deutschland zu bleiben.

Denn das scheint zumindest der Hauch einer Chance auf eine bessere Zukunft zu sein. Mit dem für ihn Bürgenden über diese Option zu sprechen, scheint dem jungen Mann sinnlos zu sein. Vorsichtig und mühevoll versucht er herauszufinden, wie Flüchtige in Deutschland bleiben können. Der ältere Herr berichtet von dem derzeitigen Flüchtlingsstrom und den ganzen Asylanträgen.

So beschließt Berry auf eigene Faust, auch nicht das Ausmaß für den rüstigen Mann erahnend, einen Antrag zu stellen. Seine Gefühle übermannen ihn, sein innerliches Ergehen zeigt er im nächsten Bild auf.

Ein sehr buntes, fast schon chaotisch wirkendes Bild erwartet den Betrachter hier. Schnell ist neben all der Farbenvielfalt zu entdecken, dass hier eine schwangere Frau abgelichtet ist. Sie steht, wenn auch beinlos, auf einer Art Anhöhe. Der Kopf wirkt ein wenig losgelöst vom restlichen Körper. Interessant wirken die oberhalb der Brust hervorstechenden Adern, als poche es hier besonders. Das Bild lässt vermuten, dass in all dem Bewegung ist. Die Farbsäule und die kleinen runden Kreise wirbeln umher, halten das Gemalte auf Trab. Doch ganz so leicht lässt sich dieses Bild nicht erschließen. Der Körper im Vordergrund des Bildes soll in der Tat eine Schwangere darstellen. Der Kopf aber ist nicht dieser zuzuordnen. Es handelt sich hier um Berry und dessen gefühlte Neugeburt. Nun kann er eine Art zweites Leben beginnen. Seine ersten Schritte in Deutschland sind wie diese in frühester Kindheit. Auch wenn er von all dem Neuen euphorisiert wirkt, welches sich im Vergleich zu den vorherigen Bildern in den hoffnungsvolleren Farben niederschlägt, so weiß er auch, dass die ersten Hindernisse auf ihn warten. Dies spiegeln auch die teilweise finsteren Farben wider. Doch noch mehr als diese macht dies Berrys zweite Auslegung deutlich:

Der Körper der Frau steht nicht umsonst auf wackeligem Terrain. Dieser droht nicht nur ob der fehlenden Beine umzukippen. Die explosive Kraft der pulsierenden Adern verstärkt dies noch weiter.

Zweites ist auch als ein Ausbruch eines Vulkanes zu verstehen. Auf der einen Seite mag er Berrys neues Leben hervorbringen, doch birgt er auf der anderen Seite auch vielerlei Gefahren in sich. Berry fühlt sich von Unsicherheit durchtränkt und ist durch die schlechten Erfahrungen seines ersten Neuanfangs in Äthiopien gebrandmarkt.

Die erste große Herausforderung liegt nun unmittelbar vor Berry: Ihm ist durchaus bewusst, dass die Antragstellung dem älteren Herren missfallen wird. Der hat ihn, mehr oder minder, nur zum Urlaub nach Deutschland eingeladen. So trifft er die harte Entscheidung, sich von diesem zu lösen, wenngleich all die Dankbarkeit bei ihm überwiegt. Es mag auf den ersten Blick hart und gefühlskalt gegenüber dem Mann wirken, doch auf den zweiten durchaus nachvollziehbar. Wer würde eine solche Chance ausschlagen wollen und nach einigen Wochen wieder zurück ins Elend kehren? Wer würde die Gelegenheit auf eine bessere Zukunft nicht beim Schopfe packen wollen und dies in Kauf nehmen?

Nun ist Berry erneut an dem Punkt angekommen, an dem er die letzten Jahre stand: Ohne Familie, keinerlei Freunde und Bekannte. Den letzten musste er schmerzvoll zurücklassen, mit dem Ausblick auf ein eventuell rosiges Leben. Doch erschwerend kommt für ihn hinzu, dass er sich in einem Land befindet, dass ihm gänzlich unbekannt ist. Wenngleich er von seiner Mama einmal erfahren hatte, das sich einer seiner Verwandten mütterlicherseits wohl auch in Deutschland befinde und nach etlichen Jahren „angekommen" sei. Wie soll er das schaffen? Ein paar wenige Brocken Englisch, die er auf der Straße erlernt hat, mögen ihm nützlich sein. Er macht sich auf den Weg, den alle Flüchtigen nur zu oft bewältigen müssen:

Der Dschungel der deutschen Bürokratie erwartet ihn, obgleich ihm dessen Bedeutung noch nicht geläufig ist ☺. So meldet er sich beim zuständigen Amt und erfährt nach etlichen Stunden Wartezeit, dass er hier als Minderjähriger nicht alleine sein und wohnen darf. Er wird, wie viele unter 18-jährige, in Obhut genommen. Er kommt zu einer Gruppe von jungen Afrikanern, die von

Pädagogen betreut werden. Nach der vorsichtigen Kontaktaufnahme wird ihm schnell deutlich, dass auch hier keinerlei Gleichgesinnte sind: Gambianer, Eritreer, aber keiner, der amharisch spricht - Berrys Heimatsprache. Niemand also, mit dem er sich über seine Erfahrungen und all die schrecklichen Erlebnisse austauschen kann.

Wiederum gefühlt alleine, wenngleich sich die Betreuer sichtbar um ihn und all die anderen mühen. Er ist diesen dankbar, ein Dach über dem Kopf zu haben, sich versorgt zu wissen, aber dies ändert nichts an seinem innerlichen Zustand, sich einsam und nicht verstanden zu fühlen.

So ist es nicht verwunderlich, dass Berry sich an die eine neue Hoffnung klammert, welche ihm Zuversicht geben könnte: Er möchte jemanden finden, dessen Sprache er spricht. Jemanden, bei dem er sich in seiner Muttersprache ausdrücken kann.

Im folgenden Bild wird schnell sichtbar, wie es Berry in den vergangenen Tagen und Wochen ergangen sein mag.

(Anmerkung: Da das Bild nicht mehr im Originalen existiert, musste es leider kleiner und in dieser Qualität abgebildet werden)

Hier ist rasch ersichtlich, dass ein Mann alleine durch die Straße eilt. Ein wenig Gepäck dabei, den Schirm aufgespannt, der aber überflüssig wirkt, denn Regen scheint nicht in Sicht. Hohe beleuchtete Gebäude ragen beidseitig empor. Die Stadt ist zumindest im Innern der Hochhäuser belebt, da einige Fenster beleuchtet wirken. Berry sieht sich hier selbst auf einsamem Pfade. Gefühlt allein gelassen, strammen Fußes unterwegs, mit ein wenig Besitz ausgestattet. Sein gesamtes Hab und Gut findet ausreichend Platz in einer kleinen Tasche, denn bisher hat er nicht wirklich „etwas in der Hand". Der Regenschirm schützt ihn vor eventuellen Gefahren und verleiht ihm eine gewisse Sicherheit vor dem, was kommen mag. Die hohen Gebäude sind Ausdruck all der hohen Hindernisse, die ihm auf seinem neuen Lebensweg in Deutschland begegnen. Mittellos steht er da. Wenn auch auf einer Schule angemeldet, scheinen die zu absolvierenden Abschlüsse noch in weiter Ferne. Er ist mittellos, da er keiner Beschäftigung nachgehen kann. Die geringfügigen Gelder, die er beantragen könnte, würden auf den älteren Herrn zurückfallen. Denn dieser hatte die unwiderrufliche Erklärung, für Berry aufzukommen, unterschrieben. Ihm zu Lasten fallen möchte er nicht, dann lieber auf schmalem Fuß leben. Denn dieser war sein „Soter", sein Retter, der ihn aus den Schlingen des Straßenlebens gezogen hatte, um in eine scheinbar bessere Zukunft starten zu können.

Doch nun steht er hier, einsam auf weiter Flur.

Er sieht für sich nur eine Option, dieser erneuten Misere zu entkommen und seinem Leben eine Wendung zu geben: Nach seiner Verwandten zu suchen, die seiner Sprache mächtig ist. So beginnt für ihn in Süddeutschland die Suche. Auch wenn das hier plump erscheinen mag, so wird er, mit Hilfe anderer, recht bald fündig. Der Mädchenname der Verwandten ist unverändert und Recherchen haben ergeben, dass diese nicht weit entfernt wohnt.

Man könnte denken, wie es also der Zufall will, oder man könnte von einer Vorhersehung sprechen, an was man auch immer glauben mag. Doch grenzt dies für ihn an ein riesengroßes Wunder, es ist ein Geschenk des Himmels für ihn. Nach einer ersten emotionalen Begegnung wird schnell klar, dass er bei seiner Tante, so nennt er sie, herzlich willkommen ist und mit offenen Armen empfangen wird.

Mit der Hilfestellung einer pädagogischen Begleitung soll Berrys zukünftiges Leben gelingen. Nach einer kurzweiligen Begleitung durch das Amt, welches die Vormundschaft übernommen hatte, folgt unsere erste Begegnung.

Ich erinnere mich noch genau daran:

Ein kleiner Raum, vielleicht sechs Quadratmeter groß, wird zu unserem Treffpunkt. Nebst seiner Tante sind noch vier weitere Personen anwesend. Meine Kollegin und ich betreten diesen Raum, wir erblicken bei all der Enge einen jungen Mann, der verängstigt und kränklich dreinschaut. Der typisch afrikanische Eigengeruch von Gewürzen und Düften macht sich in der verbrauchten Luft bemerkbar. Nach einem ersten Vortasten und Vorstellen beginnt die muntere Runde. Zumindest ein paar Englisch klingende Wörter kann Berry von sich geben, die unsere

Unterhaltung ein wenig angenehmer gestalten. Wenngleich Berrys Tante schon längere Zeit in Deutschland wohnen mag, so ist ihre deutsche Sprache noch sehr gebrochen. Doch mein Grundgefühl ist: Irgendwie wird man sich verständigen und verstehen können, notfalls mit Händen und Füßen.

Nach dieser Begegnung schießen mir tausende Gedanken durch den Kopf: Willst du diese Arbeit mit einem scheinbaren Wirtschaftsflüchtling wirklich machen? Wie soll und kann das mit der mir bekannten afrikanischen Mentalität gelingen? Welche holprigen Pfade von Bürokratie werden diese Arbeit bestimmen? Wo könnte Berrys schulische und berufliche Laufbahn beginnen, wenn er keinerlei Vorbildung besitzt und der deutschen Sprache nicht mächtig ist? Welche Bleibeperspektive hat er? Schnell ist mir klar, dass ich hier mit auf seine Tante angewiesen bin, die seine heimatlichen Wurzeln kennt und auch schon längere Zeit selbst mit der deutschen Lebensweise konfrontiert ist. Recht rasch wird zudem die Vormundschaft des Amtes an sie übertragen.

So könnte für Berry nun die zuvor kurzweilig gespürte Neugeburt, der Start in ein neues Leben, beginnen. Einige Weichen scheinen gestellt zu sein, wenngleich diese wackelig erscheinen mögen.

Zügig findet er durch seine Tante Anschluss zu einer äthiopischen Kirchengemeinde, es wird auf lange Sicht sein neues Zuhause. Unter Gleichgesinnten, kulturell ähnlich Geprägten, manch ebenfalls Heimatsuchenden; und unter einigen, die schon ansatzweise mühevoll eine neue Heimat in Deutschland gefunden haben.

So freudig und zuversichtlich sich all dies anhören mag, es gleicht dem Leben in einer Seifenblase, die jeden Augenblick zu platzen droht. Es kann sich noch so gut für einen selbst anfühlen; jedoch ist es manchmal gar hinderlich im Blick auf eine gelingende Integration in Deutschland. Sich überwiegend in seinem eigenen Kulturkreis zu bewegen, mag leichter für einen selbst sein, doch es birgt die Gefahr, in dieser Subkultur hängen zu bleiben. Vor dieser Herausforderung stehen Berry und ich nach über 2 ½ Jahren gemeinsamer Arbeit heute noch.

Jedoch hat Berry zu Beginn unserer Zusammenarbeit einen erfreulichen Vorteil, der zunächst nicht als solcher wirkt: In seinem nun angestrebten schulischen Umfeld spricht kein andere junge Person seine Landessprache Amharisch. Es mögen auch noch so viele flüchtige Afrikaner in Deutschland sein, doch ein äthiopischer Flüchtiger hat Seltenheitswert. So sieht er sich recht fix gezwungen, sich mit seinem spärlichen Englisch zurechtzufinden und auch die deutsche Sprache zu erlernen.

Zudem erscheint es uns als vorteilhaft, auch in der freizeitlichen Gestaltung auf Anbindung zu anderen Deutschsprachigen zu achten.

So finden wir einen Fußballverein für Berry, der ihn freudig und offen aufnimmt und bei dem er ein gutes halbes Jahr spielen kann. Doch zeitlich ist das für ihn leider nicht dauerhaft realisierbar.

Weiter berichtet er mir nach einer Weile, dass er gerne malen würde. Dieses für mich überraschende Interesse lässt mich skeptisch sein. Aber meine Bedenken widerlegt er schleunigst. Er präsentiert mir Bilder, die er in der

Schule gemacht hat. Daraufhin finden wir sogar ein Atelier, in dem er malen kann. Bepackt mit eigenen Werken besuchen wir dessen Leiterin, die ihm gleich mit Wertschätzung und Interesse entgegentritt.

So kommt es, dass Berry einen kostenlosen Platz erhält und er mit Freude dorthin geht. Dies ist der Ort, an dem all die Bilder entstanden sind, die im Buch vorzufinden sind. So auch nun das letzte in diesem Werk.

Ein sehr buntes Bild erwartet man zuletzt. Es scheint in zwei Abschnitte untergliedert zu sein:

Im Hintergrund ein Meer voller Farben, welche eher matt wirken. Im Vordergrund stellen sich diese freundlicher und geordneter dar.

Das Zentrum bildet ein Paar, welches eng umschlungen ist. Ein schmaler Schirm schützt diese gerade so. Bei genauem Hinsehen kann man den Eindruck gewinnen, dass die linke Person männlich ist. Sie ist größer und hat den Blick entschlossen nach vorne gerichtet. Diese umschließt die rechte Person. Jene wiederum schaut ein wenig sanfter aus, scheint weiblich zu sein. Sie wirkt ein wenig zurückhaltend und schaut ein wenig zu Boden.

Interessant ist, dass die dem Partner zugewandten Beine eine Symbiose bilden. Denn nicht ansatzweise ist das Bein der linken Person zu erblicken.

Der Maler erklärt das Bild wie folgt:

Der Hintergrund stellt all den Wirrwarr im Leben dar und sitzt im Nacken des jungen Mannes, ist allgegenwärtig. Das Unklare, Ungewisse, wie etwa die immer wieder zu beantragende Verlängerung des Duldungsstatus und die damit einhergehende Angst einer drohenden Abschiebung; all die undurchsichtigen bürokratischen Entscheidungen, die getroffen wurden und werden und das Leben hier stark beeinflussen; all die immer wiederkehrenden Behördengänge. Diese gleichen einem riesengroßen, bunten und undurchschaubaren Dschungel, der schier nicht zu bewältigen ist.

Doch es scheint einen gangbaren Weg zu geben. Die Farben des klaren Blaus, des hoffnungsvollen Grüns und des sonnig leuchtenden Gelbs sind bewusst gewählt. Und auch die zweite Person hat selbstverständlich eine tiefe Bedeutung. Berry sieht sich in der Rolle der rechten Person. Als zu schwach und gebrechlich, diesen Weg alleine gehen zu können. Als Schutzsuchender und zu Stützender, der dies alles alleine eben nicht bewältigen kann. Die Person auf der linken Seite stellt alle Menschen dar, die Berry in seinem bisherigen Leben geholfen haben. Angefangen mit dem älteren Herrn, der ihn aus dem aussichtslosen Straßenleben gerettet hat, über all jene aus seiner Familie und seinem kirchlichen Umfeld bis hin zu denjenigen, die ihn in seinem Alltag begleiten.

Es sind diese Menschen, die ihm Hoffnung geben und Halt verleihen. Diejenigen, die ihn voller Zuversicht stimmen, dass eine rosige Zukunft vor ihm liegt.

In den letzten Monaten hat sich vieles verändert.

Berry ist sichtlich erstarkt in seinem Selbstbewusstsein.

Die harte Arbeit in der Schule und das Erlernen der deutschen Sprache haben sich gelohnt:

Der Hauptschulabschluss ist der Beweis hierfür.

Das mühevolle Auseinandersetzen mit der deutschen Kultur und deren Tugenden haben sich bezahlt gemacht:

Berry hat gelernt, verlässlich, pünktlich und akribisch zu sein; so fanden wir nun eine Ausbildungsstelle für ihn.

Der zeit- und kräfteraubende deutsche Bürokratie-Dschungel lässt ihn nicht abschrecken:

Behördengänge meistert er nun zumeist alleine und lacht über alle, die, wie er vor einem Jahr, damit kämpfen.

Trotz all des Schönen in den letzten Monaten darf man

folgendes nicht außer Acht lassen:

Die Angst der Abschiebung sitzt ihm fast tagtäglich im Nacken. Der Asylantrag lag lange Zeit auf Eis, da zunächst die der klassischen Kriegsflüchtlinge bearbeitet wurden.

Die posttraumatische Störung aus vergangener Zeit hängt ihm sichtlich nach, auch wenn dies zunächst nicht spürbar ist: Sobald er über Erlebnisse aus Äthiopien berichtet, ist seine Stimmung gedrückt; Träume von all den schlimmen Geschehnissen bereiten ihm massive Angst.

Die skeptischen Blicke vieler Deutscher machen ihm zu schaffen. Viele gehen ihm, wohl aus Angst, aus dem Weg, da er als Farbiger ein potenzieller Täter sein könnte.

Der Wunsch, deutsche Freunde zu gewinnen, gestaltet sich weiter sehr mühevoll. Wenngleich nun durch den Schul- und Berufsalltag Schnittstellen entstehen, besteht hier noch viel Entwicklungspotenzial.

Die deutsche Kultur mag er schon stückweise verinnerlicht haben. Doch er bleibt und ist ein Afrikaner. Immer wieder kommt es zu Situationen, in denen diese zwei Welten aufeinanderprallen und das Leben hier erschweren.

Berry ist von Grund auf ein ehrlicher Mensch.

Doch will er niemanden verletzen. So kann es manchmal passieren, dass er fadenscheinige Ausreden sucht, weil die für ihn dann das kleinere Übel darstellen. Er möchte auf keinen Fall die Beziehung zum anderen gefährden.

Oft klagt Berry über Unwohlsein und Bauchschmerzen, vielerlei Untersuchungen haben zu keinem Ergebnis geführt. Zum einen mögen das Nachwirkungen der äußerlichen Verletzungen sein, zum anderen wirken sich all die innerlichen gewisslich auch psychosomatisch aus.

Berry wird nächstes Jahr 21 Jahre alt und gilt dann als Erwachsener nach deutschem Recht. Doch hin und wieder wirkt er jünger.

Manchmal versucht er mit aller Gewalt, Dinge alleine zu schaffen: Er unterschreibt einen Mietvertrag auf eigene Faust, meldet sich ohne Rücksprache für den Führerschein an oder beendet aus heiterem Himmel sein Nachhilfeunterricht etc..

Von Herzen wünsche ich Berry, dass sein Leben in Deutschland gelingen wird. Er steht stellvertretend für so viele Flüchtige, die einer neuen Heimat bedürfen und in ihrer alten Heimat ihrem Schicksal überlassen wären.

Von Herzen wünsche ich ihm, dass manch schwere Last, wie etwa der gestellte, aber noch nicht bearbeitete Asylantrag, bald Geschichte ist. Somit könnte er sich mit Gewissheit auf eine rosige Zukunft einstellen.

Von Herzen wünsche ich Berry, dass er physisch und psychisch gesunden kann. Die gemalten Bilder mögen für ihn einen therapeutischen Charakter haben, doch bedarf es weiter einer engen Begleitung in diesem Bereich.

Von Herzen wünsche ich ihm, dass auf all seinen Wegen Menschen an seiner Seite sind, die schützend den Schirm über ihm aufspannen, ihm in schwierigen Zeiten unter die Arme greifen und ihn in schwierigen Momenten stützen.

Vielleicht mag diese Erzählung an manchen Stellen hart gewesen sein. Doch manchmal erlebt man auch Dinge, über die man im Nachhinein sehr dankbar ist. Das für mich Prägendste war:

Berry erhielt ein Schreiben, dass er sich unverzüglich melden muss, sonst drohe ihm die Abschiebung. Leider wurde dieses Schreiben an seine alte Adresse geschickt. Er hatte vergessen, seinen Wohnungswechsel beim Amt zu melden. So rechneten wir fest mit dem Verwirken seiner Duldung.

Uns blieb an diesem Tag nur eines übrig: Das Beten.

Er auf Amharisch, ich auf Deutsch, den anderen nicht und doch verstehend. Eine Woche später erhielten wir ein Schreiben, dass ein Fehler des Amtes vorlag.

Zum Ende hin dürfen auch ein paar lustige Anekdoten nicht zu kurz kommen, die wir gemeinsam erlebt haben:

Auf eine Frage per SMS antwortete Berry mir „gut nackt". Ich war sehr irritiert, denn nach nochmaligem Nachfragen blieb er mir eine Antwort schuldig. Bei unserem nächsten

Treffen hakte ich nach, was dies zu bedeuten hatte. Ich erklärte ihm, dass „nackt" heißt, ausgezogen zu sein, nichts anzuhaben. Ihm war dies sehr peinlich, er war mit Scham erfüllt und entschuldigte sich. Er wollte mir am Abend Stolz neu gelernte Wörter schreiben und wollte mir eine „gute Nacht" wünschen.

Bei einem Behördengang sitzen wir im Wartezimmer. Ein Mann wendet sich verzweifelt an eine Angestellte, wann er denn dran komme. Sie teilt ihm dann mit, dass er im falschen Wartezimmer wäre. Berry bricht in Gelächter aus. Ich versuche ihn zu beruhigen, er kann sich nicht zusammenreißen. Als ich ihm dann deutlich mitteile, dass dies sehr unhöflich und respektlos ist, meint er, dass er sich an seine Anfangszeiten erinnert fühlt und ihm etwas Ähnliches widerfahren sei. Deswegen muss er so sehr lachen.

Im Schwimmbad versuche ich, Berry das Schwimmen beizubringen. Alle Personen drumherum begutachten uns und wirken irritiert. In meinem Kopfkino stelle ich mir vor, wie das wohl aussehen mag, wenn ein Deutscher einen wild um sich wedelnden jungen Mann im Wasser zu stützen versucht. Als ich ihm den Halt unter seinem Bauch entziehe, sinkt Berry zu Boden. Mit Mühe hole ich ihn wieder hoch. Er strahlt und lacht und meint, er könne unter Wasser zumindest ein paar Meter schwimmen. Solcherlei Geschichten und viele mehr erleben wir immer wieder gemeinsam. Sie erheitern Berrys Alltag, den er oftmals nur mit Mühe meistert, sehr.

SCHLUSSWORTE

Ich wünsche mir, dass Sie durch das nun Gelesene einen kleinen Einblick in Berrys Leben erhalten haben. Diese Geschichte steht stellvertretend für so viele andere Flüchtige, die in Deutschland leben.

Ich hoffe, dass es Ihnen hilft, sich in die bei uns Heimatsuchenden hineinzuversetzen und Verständnis für diese aufzubringen.
Ebenso gilt dies auch für die ehren- und hauptamtlich tätigen Menschen, die Geflüchtete tagtäglich begleiten und vor so vielen Herausforderungen mit diesen stehen.

Zum Ende hin möchte ich Ihnen noch einige Denkanstöße, Fragen mit auf den Weg geben, die eine Hilfe sein können, um mit dem Thema „Flüchtige" besser zurecht zu kommen.

In der Einleitung habe ich schon darauf hingewiesen, dass es aus meiner Sicht **unmöglich ist, eine strikt links- oder rechtsorientierte Haltung in Sachen Flüchtlingspolitik zu haben.**

Es ist klar: Deutschland hat eine begrenzte Kapazität, flüchtige Menschen aufzunehmen.

Sorgen und Ängste über die finanziellen Auswirkungen und Sicherheitsbedenken sind berechtigt und müssen ernst genommen werden. Auf der anderen Seite findet das Asylrecht in unserem Grundgesetz seinen Niederschlag. Und für viele dieser Flüchtigen bedarf es, diesem nachzukommen, auch wenn einige unter ihnen sind, die dies auszunutzen versuchen.

Was ist aktuell Ihre Meinung und Haltung hierzu? Woraus haben Sie diese gewonnen (Bekannte, Medien etc.) und wie verlässlich ist dies? Welche negativen und positiven Erfahrungen haben Sie mit Geflüchteten gemacht, die Ihre Haltung rechtfertigen?

Die Unterscheidung zwischen scheinbar hier berechtigtem Kriegs- und nicht hier berechtigtem Wirtschaftsflüchtling ist sehr grenzwertig.

Beispielsweise sind nicht alle aus Syrien Geflüchteten zwingend Kriegsflüchtige und es gibt Wirtschaftsflüchtige, die sehr wohl politisch verfolgt werden. Berry musste vieles Schlimmes in Äthiopien ertragen, weil er schlicht und einfach zur „falschen" Volksgruppe gehörte. Erschwerend kommt hinzu, dass man es keinem Menschen verwehren kann, aus einer Notlage heraus nach Deutschland zu kommen.

Denken Sie ebenso in Kategorien, wie ich dies zuvor gemacht habe? Wie können Sie Wege gehen, um nicht weiter in diesem Schubladendenken zu verweilen?

Hierbei kommt es aus meiner Sicht auf eine weitere Frage an: **Bin ich in einem ersten Schritt bereit, mich in einen Flüchtigen hineinversetzen zu wollen?**

Diese Bereitschaft ermöglicht es, einen weiteren Schritt zu tun: Den Flüchtigen mit all seinen Absichten des Hierseins besser verstehen zu können. Und vielleicht folgen hieraus viele weitere Schritte:

„Ein Verstehen wollen des anderen muss am Beginn einer Beziehung stehen. Ein Verstehen können des anderen bedarf einer gewissen Zeit und Arbeit."

Von Herzen wünsche ich uns allen eine offene Haltung gegenüber Flüchtigen und Heimatsuchenden. Denn jeder Mensch auf dieser Welt hat ein Anrecht auf eine bessere Zukunft und ein Grundbedürfnis, eine neue Heimat zu finden. Vor allem dann, wenn die bisherige nicht mehr existiert, verloren gegangen oder hoffnungslos ist.

PLATZ FÜR EIGENE NOTIZEN